FÜR meine Familie

KLAUS EPPELE

AUS DEM LEBEN GEGRIFFEN

TEXTE & FOTOGRAFIEN
AUS DEM ALLTAG

LINDEMANNS

Ich glaube,
nun ist es so weit:
Ich bin jetzt so alt,
wie ich nie werden wollte.
Als mich gestern mein Freund besuchte,
haben wir uns nämlich fast nur
über unsere Wehwehchen
und unsere Krankheiten unterhalten.

Augen, um zu sehen,
Verstand, um zu erkennen,
Mut, um zu handeln.
Eigentlich gehört nicht viel dazu,
um erfolgreich zu sein.

Im Internet gesurft,
ins World Wide Web eingetaucht,
einigen Hyperlinks gefolgt,
in einer Flut von E-Mails fast ertrunken,
ein paar Viren gekillt
und die Platte geputzt.
Morgen habe ich bestimmt wieder
Muskelkater.

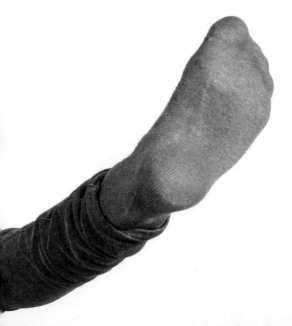

Para gliding,
River rafting,
Water skiing,
Mountain biking,
Das ist mir alles viel zu anstrengend.

Ich konzentriere mich lieber
auf die Massensportarten:
Couch sitting,
TV watching,
Peanuts eating
und
Wine drinking.

Mein Kumpel ist echt ein Ass:
Mit seinem Computer
löst er alle Probleme,
die er noch nicht hatte,
als er noch keinen Computer hatte.

Seit zwei Monaten
bin ich Mitglied
im hiesigen Sportverein.

Es ist das erste Mal,
dass ich mich getraut habe,
einem Klub beizutreten,
der bereit ist,
jemanden wie mich aufzunehmen.

Immobilien?
Bundesschatzbriefe?
Aktienfonds?
Termingeld?
Optionsscheine? ...
Legen Sie Ihr Geld doch in Steuern an —
die steigen immer.

Scheinbar steht
„Mehr Sein als Schein"
unter einem besseren Schein als
„Mehr Schein als Sein".

Doch ob nun mehr Sein
oder mehr Schein,
heutzutage braucht man viele Scheine
um zu sein.

irre
total daneben
plemplem
balla-balla
nicht ganz klar im Kopf
meschugge
gagga

vielleicht auch nur
normalverrückt

oder doch ein Genie?

Sechs Flaschen Bordeaux,
einen Hefezopf,
ein Fünfer-Pack Schokolade,
ein Kilo Bananen,
zwei Tiefkühlpizzen,
eine Familienpackung Chips
und die neue Funkzeitung.

Mist,
jetzt habe ich doch glatt
die Butter vergessen
wegen der mich meine Frau eigentlich
zum Einkaufen geschickt hat.

Kalorienarm essen,
nikotinarm rauchen,
koffeinfrei genießen,
alkoholfrei trinken,
bargeldlos bezahlen,
schnurlos telefonieren,
kopflos handeln.

Da soll noch einmal einer behaupten,
in unserer heutigen Zeit gäbe es
keine Bescheidenheit mehr.

Wenn du
dich klein
und unbedeutend
fühlst,
dann halte
dieses Gefühl geheim
und versuche
entweder als Zünglein
die Waage
aus dem Gleichgewicht
oder als finaler Tropfen
das Fass zum Überlaufen
zu bringen.

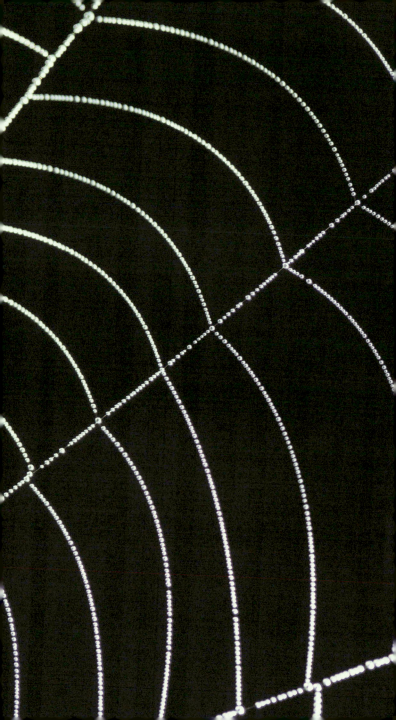

Ich bin total stolz auf mich.
Denn mein Chef hat mich heute
einen „Spinner" genannt.
Endlich hat er gemerkt,
dass ich derjenige bin,
der neue Ideen erarbeitet,
indem er die Gedanken anderer
aufgreift und fortentwickelt,
eigene Gedankenfäden spinnt,
daraus ein neues
Gedankennetz webt
und somit Kontakte knüpft,
die Firma voranbringt
und alle wichtigen Fäden
in Händen hält.

Heute fiel
ein heiliger Schein
direkt
in meinen Geldbeutel hinein.

Es muss wohl Weihnachten sein.

Noch vor einigen Tagen
konnte mein Arbeitskollege
nicht aus dem Haus gehen,
ohne sich mindestens zehn Mal
davon zu überzeugen,
dass er auch wirklich
das Bügeleisen ausgeschaltet hatte.

Endlich hat er diesen Zwang besiegt.
Er nimmt das Bügeleisen jetzt einfach mit.

So ein Geschmiere.
Und das soll Kunst sein?
Da kann man ja gar nichts erkennen.
Wie herum gehört das denn überhaupt?
Also wenn ich meiner kleinen Tochter
ein Blatt Papier und einen Farbkasten
in die Hand drücke, dann schafft die das auch.
Und die Farbauswahl ...
da wird einem ja ganz schwindelig.
Wer so etwas fabriziert,
der muss echt einen Knall haben,
und die, die das kaufen, erst recht.

Schon ganz schön verrückt, unsere Welt.

Komisch.
Fast alle meine Bekannten
klagen in letzter Zeit
über Gedächtnisstörungen.

Damit habe ich zum Glück kein Problem:
Ich kann mich beim besten Willen
nicht mehr daran erinnern,
wann ich das letzte Mal etwas vergessen habe.

Blitze blitzen.
Walker walken.
Donner donnern.
Talker talken.

Stinker stinken.
Läufer laufen.
Blinker blinken.
Säufer saufen.

Und wenn hinter
Fliegen Fliegen fliegen,
fliegen Fliegen Fliegen
nach.

Unsere Bürgervertretung
unternimmt alles Mögliche,
um unsere Stadt noch bekannter zu machen.

Jetzt hat sie das ultimative Mittel gefunden,
um die Leute länger in der City zu halten
und ihnen genügend Zeit zu geben,
alle urbanen Ecken und Winkel
in Ruhe bewundern zu können.

Dazu wurden einfach
alle Ampeln so geschaltet,
dass man an jeder Kreuzung
anhalten und warten muss.

Zumindest kommt mir das so vor.

Du Petra, das glaubst du nicht. Der Fred, der hat mir heute ein Geheimnis anvertraut. Ich darf es aber niemandem weiter erzählen. Die Sache ist streng geheim. Mensch Petra, wenn das publik werden würde, wäre der Fred ganz schön blamiert.

Also, das ist wirklich nicht zu glauben. Das hättest du dem Fred nie zugetraut. Wie man sich doch in einem Menschen täuschen kann.

Petra, eigentlich darf ich dir ja wirklich nichts davon sagen. Aber du willst es doch unbedingt wissen, oder nicht?

Also gut, aber nur, wenn du mir hoch und heilig versprichst, dass alles unter uns bleibt, ok? Ich muss mich hundert Prozent auf dich verlassen können, ja?

O.K., dann pass mal auf ...

Viele Menschen
verschwenden unendlich viel Zeit
um zu beweisen,
dass bestimmte Dinge
einfach nicht
funktionieren können.

Wenn diese Menschen
in dieser Zeit
nach Lösungen
suchen würden –

Wow – was könnten wir
dann noch alles erreichen.

Die 13 ist eine Unglückszahl.
Am Freitag den 13. geht meist alles schief.
Das Taxi Nr. 13 und die Buslinie 13 gibt es nicht.
Wolkenkratzern fehlt der 13. Stock
und direkt neben dem Hotelzimmer 12
liegt das Zimmer mit der Nummer 14.
Wir meiden die 13, wo es nur geht.

Doch keiner von uns möchte
auf sein 13. Monatsgehalt verzichten.

Im nächsten Jahr wird alles besser:
Ich höre auf zu rauchen,
anstatt Wein gibt es nur noch Mineralwasser,
ich fahre jeden Tag mit dem Fahrrad zur Arbeit,
mache ab jetzt einen großen Bogen
um jeden Fahrstuhl
und jogge drei Mal in der Woche.
Außerdem esse ich nur noch Obst und Gemüse
und gehe abends früher ins Bett.

Das wird bestimmt ein super Jahr.
Darauf sollten wir eigentlich einen trinken.

Hoffentlich ist bald Mittagspause,
hoffentlich ist bald Feierabend,
hoffentlich ist bald Wochenende,
hoffentlich habe ich bald wieder Urlaub,
hoffentlich bekomme ich bald Rente.

Hoffentlich merke ich bald,
dass heute der Rest meines Lebens beginnt.

Ich habe es geschafft:
Jetzt bin ich Geschäftsführer
einer großen Firma.
Ich bin ein wahrer Senkrechtstarter
und komme mir vor
wie der Pilot eines Düsenjets.

Wenn nur der Schleudersitz nicht wäre.

„Hast du gestern die neue Reality-Show gesehen?"

„Nein, so einen Quatsch schaue ich mir wirklich nicht an."

„Da hast du echt etwas verpasst. Einer der Kandidaten musste in eine Jauchegrube springen und wurde danach gefedert. Das war vielleicht eklig."

„Ach so, das meinst du? Ja, das habe ich gesehen. Da habe ich ganz zufällig reingezappt."

„Und vorgestern musste ein anderer Kandidat lebende Kakerlaken essen."

„Ja, ich weiß. Das heißt, nun ja, ich meine, ich habe das wohl in der Zeitung gelesen oder im Radio gehört. – Aber hast du gesehen, wie die so eine arme Kandidatin vor ein paar Tagen in einen Käfig voller Spinnen gesperrt haben?"

„Igitt, nein, das habe ich nicht mitbekommen. Da weißt du genauer Bescheid als ich."

„Na ja, wahrscheinlich habe ich zufällig ganz kurz während einer Werbepause umgeschaltet. Aber freiwillig, da kannst du dir sicher sein, würde ich mir so einen Oberschwachsinn wirklich nicht ansehen."

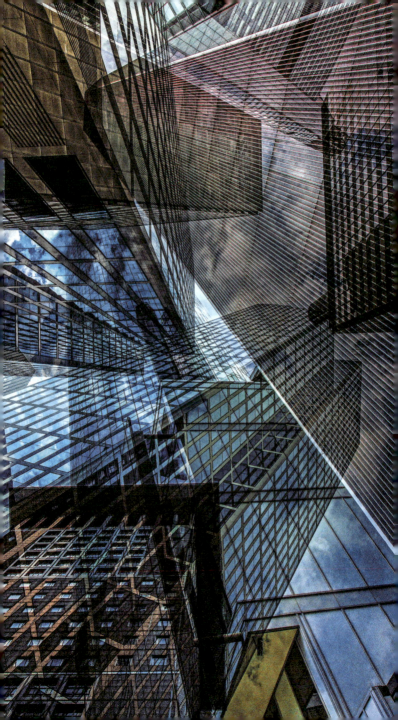

Manche residieren in der Schlossallee.
Andere können sich nur die Badstraße leisten.

Doch nach dem Spiel
kommen alle in die gleiche Kiste.

„Ich hätte gerne ein Kabel für meinen Drucker."
„3 Meter, 5 Meter oder 7 Meter Länge?"
„3 Meter!"
„Seriell, Centronics, SCSI oder USB?"
„Äh, SCSI!"
„Standard SCSI, SCSI-Wide, SCSI 25M oder sonst irgendeine Speziallösung?"
„Oh, mh, Standard SCSI, glaube ich."
„Welcher Stecker? 25-polig, 36-polig, Männchen oder Weibchen?"
„Puh, keine Ahnung — wie viel kostet bei Ihnen eigentlich ein neuer Drucker inklusive dem passenden Kabel?"

Mitten in der Nacht
ist die ach so stolze Acht
ganz sacht
auf die Seite gekracht.

Da lag sie nun,
die einst so stolze Acht,
und hat sich große Sorgen gemacht.

Doch bald
hat sie wieder gelacht.
Hat der Sturz
sie doch von einer kleinen Acht
zum Unendlichkeitszeichen gemacht.

Nachts, wenn die anderen schon schlafen, werde ich aktiv. Stolz kreuze ich mit meinem gelben Lamborghini durch die Hauptstraßen der Stadt, verfolgt von bewundernden Frauenblicken, die sich begierig in meinen durchtrainierten Rücken bohren.

Ich bin berühmt, reich, vital und gut aussehend und darf aufgrund meiner wirtschaftlichen und wissenschaftlichen Erfolge und meines sozialen Engagements viele einflussreiche Persönlichkeiten aus allen Gesellschaftsschichten zu meinen Freunden zählen.

Die ganze Nacht über lasse ich es mir gut gehen.

Fast nebenbei erledige ich Gewinn bringende Geschäfte und investiere meine Einnahmen in neue Prestigeobjekte und Wohltätigkeitsprogramme.

Die Zeit vergeht wie im Flug und nur in manchen Nächten bleibt mir noch etwas Zeit, mit meiner geliebten Harley über die Landstraßen zu gleiten, bevor ich am Morgen vom Klingeln meines Weckers aufwache und mein wirklicher Alltag beginnt.

Was ist ein Herrscher ohne sein Volk?
Was ist ein Boss ohne seine Mitarbeiter?
Was ist ein Lehrer ohne seine Schüler?
Was ist ein Trainer ohne seine Mannschaft?
Was bin ich ohne dich?

Bei uns zuhause kann man fast nicht mehr die Haustüre öffnen. Denn in der Diele stehen:

2 Paar Anzugschuhe,
1 Paar Freizeitschuhe,
1 Paar Straßenschuhe,
1 Paar Wanderstiefel,
2 Paar Winterschuhe,
1 Paar Moonboots,
3 Paar Laufschuhe,
1 Paar Kickschuhe,
1 Paar Hallenschuhe,
1 Paar Tennisschuhe,
1 Paar Skischuhe,
1 Paar Schlittschuhe,
1 Paar Rollschuhe (Inline Skater),
1 Paar Badeschlappen und noch
1 Paar Hausschuhe.

Und das sind bloß meine Latschen!

Dazu kommen noch die Treter von meinen zwei Söhnen und – oh je – auch noch die Schuhsammlung meiner Frau.

Warum nur
machen sich so viele Leute
Gedanken über den Tod?

Für mich ist das kein Thema.

Ich habe einfach
den Termin zum Sterben
in meinem Lebenskalender
ganz am Schluss eingetragen.

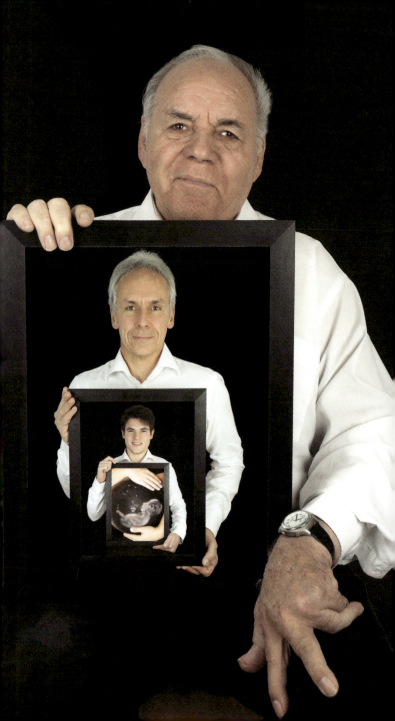

Wenn sein Sohn ihn früher fragte:
„Papa, spielst du mit mir?",

hatte er immer keine Zeit,
weil er gerade auf eine Geschäftsreise musste
oder weil er andere wichtige Dinge
für seine Firma zu erledigen hatte.

Heute ist er Rentner
und sein Sohn
ist Geschäftsführer eines
erfolgreichen Unternehmens.

Er hat jetzt viel Zeit für seinen Sohn,
aber immer wenn er sich mit ihm treffen will,

hat sein Sohn gerade keine Zeit,
weil er gerade auf eine Geschäftsreise muss
oder weil er andere wichtige Dinge
für seine Firma zu erledigen hat.

November-Wetter

Jeden Tag aufgeheitert,
zwischendurch mal eine Brise
und ein wenig Schnee,
abends dann immer benebelt.

Langsam mache ich mir Sorgen.

Montag:
Geburtstagsfeier eines Kollegen
Dienstag:
Unerwarteter Besuch
Mittwoch:
Sich mal wieder etwas Gutes gönnen
Donnerstag:
Stammtisch
Freitag:
Heute hat wieder gar nichts geklappt
Samstag:
Party beim Nachbarn
Sonntag:
Einladung bei den Eltern

Einen Anlass zum Saufen
findet man eigentlich immer.

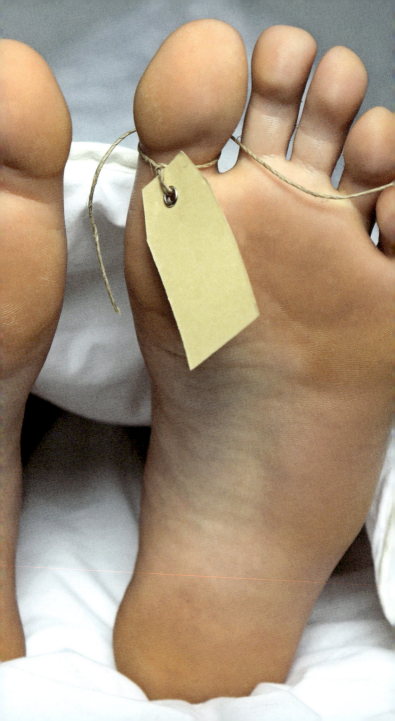

Hart geschuftet
Gut verdient
Viel gespart
Alles zusammengerafft
Keinen beschenkt
Nichts gegönnt

Früh gestorben

Viel vererbt

Peter kommt gerade von einer erfolgreichen Geschäftsreise aus Lissabon zurück. Morgen fliegt er weiter nach Dallas zu einer Geschäftsführerkonferenz seines Konzerns.

Thomas war die letzten beiden Tage in der Zweigstelle seiner Firma in Mailand. Nächste Woche besucht er einige Geschäftspartner in Singapore, Malaysia und Thailand.

Und mein Freund Michael befindet sich gerade auf einer Computermesse im Silicon Valley mit Zwischenstopp in San Franzisko, Dallas und Las Vegas.

Früher habe ich diese Typen bewundert. Aber heute tun sie mir nur noch leid.

Wnen mniee Faru und ich
an mhreeren Teagn in der Whcoe
brfieulch unetrewgs snid
und kenie Ziet zum Afuärmuen haebn,
dnan shiet es bis
zum Edne der Whcoe
machnaml shcon rchet slichmm aus
bei uns zhuasue.

Aebr zum Gülck
vrleeiren wir
acuh biem grßetön Duhcreiadnner
nihct den Üebrbiclk.

Wir sind ein super Team.
Jeder ist für den anderen da.

Im Notfall
stehen alle hinter mir.

Kein Wunder,
dass immer nur ich
den ganzen Ärger abbekomme.

...schat/ten, ; sich bei jmdm.
..abt.; sie haben sich der liebe G
en.; er wird sie ihn imm. bei Ve
.iel, vgl. **lieb** ge**word**en. ...
..., aber liebe.
Großschrei.
.iel, nichts Liebes; mein Lie.
das ...schreib.
Liebe, mein ...ieb
Liebste sehr
(R 108.) [Kirche]
Frau[en]; mein Lieb;
er hat mit
zu lieb.

Lieb/ko/sun
lich/keit, die
lings_buch,
te/rin, ...far
.kind, ...lied,
schü/ler/in,
wörter); lieb
keit; lieb/reich/lo
Lieb**ste**, (R s.f.), der
Liebstö

Immer nörgelst du an mir herum, wenn meine Unterhose im Badezimmer auf dem Boden liegt oder wenn du mich erwischst, wenn ich im Stehen pinkle.

Richtig sauer wirst du, wenn ich meine Fußnägel im Wohnzimmer schneide oder wenn ich beim Fernsehen die Chips auf die Couch brösle.

Aber so richtig unzufrieden wärst du doch bestimmt dann, wenn du das alles nicht mehr hättest. Stimmt's?

Wenn ich mehr Zeit hätte,
würde ich Klavier spielen lernen.

Wenn ich keine Kinder hätte,
würde ich das Risiko eingehen,
mich selbstständig zu machen.

Wenn ich nicht verheiratet wäre,
würde ich mehr arbeiten und Karriere machen.

Wenn ich mehr Geld hätte,
könnten wir uns endlich ein Haus kaufen.

Wenn ich noch lange so denke,
wird wohl nie etwas aus mir werden.

Echt geil die neue Karre: 230 PS, in nur sieben Sekunden von null auf 100, 240 Sachen Spitze. Für den Heimweg vom Büro brauche ich nur noch 15 Minuten. Gegenüber früher habe ich jetzt abends fünf Minuten mehr Zeit. Fünf Minuten, mit denen ich eigentlich nichts Sinnvolles anzufangen weiß.

Ich habe es geschafft:
Eine Villa mit einem riesigen Garten,
in der Garage einen dicken Mercedes,
einen Jeep
und für den Sommer eine Harley,
Hausrat vom Feinsten
und was sonst noch so dazu gehört.

Ich bin geschafft:
350 Quadratmeter Staubsaugen,
950 Quadratmeter Rasen mähen,
40 Meter Gehweg fegen,
150 Meter Hecken schneiden,
40 Fensterscheiben putzen,
alle Fahrzeuge sauber und in Ordnung halten,
Angst vor Einbrechern,
schlaflose Nächte, weil die Zinsen steigen
und was man sonst noch so für Sorgen hat.

Vielleicht wäre weniger doch mehr gewesen.

Meine Frau spart, wo sie nur kann. Heute hat sie sich beispielsweise in der Stadt einen neuen Rock gekauft, der von 100 auf 50 Euro reduziert war. Um noch mehr zu sparen, hat sie gleich zwei Röcke mitgenommen und sogar drei Paar Hosen erstanden, die auch von je 100 auf 50 Euro herabgesetzt waren. Und dann hat sie sich auch gleich noch den teuren Blazer für 250 Euro gegönnt, den sie sich schon lange kaufen wollte. Denn der war heute ja quasi umsonst, weil sie ihn mit dem eingesparten Geld von den zwei Röcken und den drei Hosen bezahlen konnte.

Gleich am Eingang des Spielwarengeschäfts erwartet mich ein riesiger Berg mit lustigen Disney-Figuren und dem Hinweis: „Wenn Sie für 99 Euro einkaufen, erhalten Sie eine Micky-Maus im Wert von 29,99 Euro gratis dazu."

Fast jeder bleibt vor den Mäusen stehen und legt sich, nach einer kurzen Denkpause, eine Maus in den Einkaufswagen.

Zwei Schritte weiter das nächste Angebot: „3 Teile kaufen, nur 2 Teile bezahlen". Auch das lassen sich viele Kunden nicht zweimal sagen und greifen beherzt zu.

Die Regale sind schon halb leer und ich merke, wie langsam mein Puls steigt, wie ich in eine Art Panik verfalle und nervös werde. Soll ich bei diesem Super-Angebot auch zuschlagen, bevor alle Schnäppchen vergriffen sind? Zum Glück bleibt mir keine weitere Zeit zum Nachdenken, da ich von der Menschenmasse hinter mir weitergeschoben werde zum nächsten Angebots-Knaller.

„Wenn Sie heute Lego-Artikel für mindestens 150 Euro einkaufen, erhalten Sie das Harry-Potter-Schloss im Wert von 49,98 Euro gratis dazu."

Das gibt es doch nicht! Bekommt man hier denn alles geschenkt?

Unser Fritz spielt doch so gerne mit Lego-Steinen. Ich könnte sein Weihnachtsgeschenk ja ausnahmsweise schon jetzt im Sommer besorgen. Und damit ich die nötigen 150 Euro zusammenbekomme, kriegt Paul eben dieses Jahr zu Weihnachten auch etwas von Lego.

Während ich eilig verschiedene Lego-Packungen in den Einkaufswagen werfe, entdecke ich plötzlich weiter hinten im Geschäft noch weitere Angebotsschilder. Doch nicht nur das – mit Entsetzen bemerke ich auch, dass mir die anderen Kunden alle Sonderangebote wegschnappen, wenn ich mich jetzt nicht beeile. Ich haste los. Meine Schritte werden immer schneller. Jetzt lasse ich sogar meinen Einkaufswagen in einer Nische stehen, damit ich zügiger voran und an die Angebote komme. Entschlossen greife ich mir eine Doppelpackung 1000-Teile-Puzzles, die es diese Woche zum Preis von einem Puzzle gibt, und hetze weiter.

Während eines Staus aus Kunden und Einkaufswagen kombiniere ich kurz, welches der Sonderangebote ich wem, wann und zu welcher Gelegenheit schenken könnte. Dann drängle ich mich, getrieben von der Hysterie der anderen, weiter durch die Menschenmassen und greife wieder und immer wieder zu. Erst als nichts mehr in den Einkaufswagen passt, stelle ich mich mit hochrotem Kopf und zittrigen Händen in eine der Warteschlangen vor den Kassen.

Während ich überglücklich ausrechne, wie viel Geld ich heute sparen werde, greife ich an die rechte Brusttasche meiner Jacke und spüre ... nichts. Oh Schreck, ich habe den Geldbeutel zu Hause auf dem Sideboard liegen lassen. Verschämt schiebe ich meinen Einkaufswagen zur Seite und verlasse leise und mit eingezogenem Genick das Kaufhaus. Erst zu Hause komme ich wieder richtig zu mir und freue mich, dass ich so vergesslich bin.

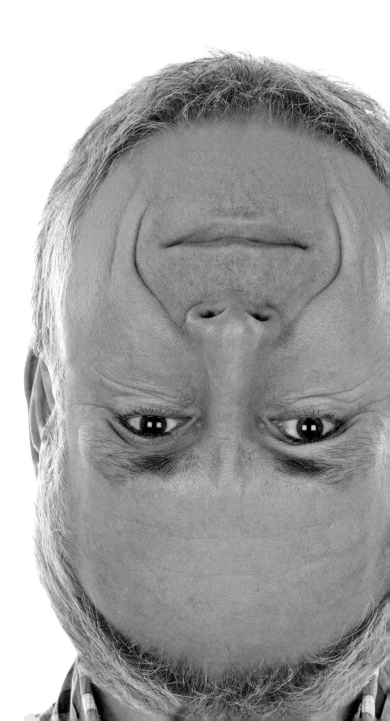

Ab morgen wird es wieder hektisch, denn ich fahre zu einem Fitness-Relax-Wellness-Weekend mit Tai-Chi-Event, rechtsdrehendem Qigong und gruppendynamischem Selbst-Erfahrungs-Happening.

Nach dem Mittagessen sitzt meine Frau am Esstisch und sortiert ihre private Post. Komplizierte und zeitintensive Sendungen legt sie neben sich auf einen Stapel zur späteren Bearbeitung.

Abends studiert sie im Wohnzimmer ihre Geschäftsbriefe. Dabei landen die meisten Briefe auf einem der vielen Stapel auf dem Beistelltisch.

Auch sonst stapelt meine Frau für ihr Leben gern: Zeitschriften neben der Toilette, neue und gelesene Bücher auf dem Nachttisch, diverse Prospekte und Kataloge neben der Couch, Schuhe im Schrank, dreckiges Geschirr in der Küche und Bügelwäsche im Waschkeller.

Vielleicht liegt das ja an Ihrem Job. Sie ist Geschäftsführerin bei einem Hersteller für Gabelstapler.

Noch nie war sparen teurer als heute: Mein neuer Drucker hat nur 40 Euro gekostet, aber für jeden Satz Tintenpatronen muss ich nun 50 Euro hinblättern. Das hochmoderne 650-Euro-Handy gab es für nur einen Euro. Leider habe ich aber beim Vertragsabschluss nicht an die monatliche Grundgebühr und den Mindestumsatz gedacht. Auch die fünf Bücher aus dem Werbeprospekt des Buchklubs waren fast geschenkt, doch dafür muss ich jetzt alle drei Monate irgendwelche teuren Bücher kaufen, die ich nicht wirklich brauche. Am günstigsten waren übrigens unsere Kinder, die gab es kostenlos. Aber die Folgekosten ...

Früher war ich fett. Heute bin ich ein dünner Hering. Früher habe ich jeden Tag fünf Euro in die Luft geblasen. Heute bin ich Nichtraucher. Früher habe ich im Restaurant immer nur die großen Portionen bestellt. Heute passt gar nicht mehr so viel in meinen Magen rein. Früher musste ich mir ständig größere Kleidung kaufen. Heute kann ich jede Jeans so lange tragen, bis sie auseinanderfällt. Früher war ich zu allem zu träge und zu faul. Heute strotze ich gerade so vor Energie. Früher kannte ich Sport nur aus dem Fernsehen. Heute laufe ich aus dem Stand einen Halbmarathon. Früher bin ich sogar zum nächsten Briefkasten mit dem Auto gefahren. Heute ist es mir egal, wenn die Benzinpreise steigen, weil meine Karre sowieso fast nur noch in der Garage steht. Früher fühlte ich mich gestresst und war meist unzufrieden. Wenn es mir heute nicht gut geht, laufe ich einfach ein paar Kilometer durch den Wald. Anfangs war es wirklich sehr schwer, auf all die angeblichen Wohltaten zu verzichten. Aber heute weiß ich, dass ich jetzt nicht weniger, sondern deutlich mehr (vom) Leben habe.

Abends nach der Arbeit: Anrufbeantworter abgehört, Mailbox vom Handy gecheckt, ein paar Anrufe erledigt, schnell die E-Mails gesichtet, die wichtigsten davon beantwortet, einen Blick ins TV, kurz mal durchzappen, dann ins Internet: die aktuelle News lesen und checken, was die Freunde heute bei facebook und instagram zu berichten haben. – Wir leben im Kommunikationszeitalter. Ich bin echt gut informiert. Aber halt, da fällt mir ein: Mit meiner Frau habe ich heute noch gar nicht geredet.

Steuer-Hinterziehung?
Das gibt es bei mir nicht!
Ich zahle sogar brav
jeden Freitag
Punkt 18.00 Uhr
meine Sondersteuer für Blöde.

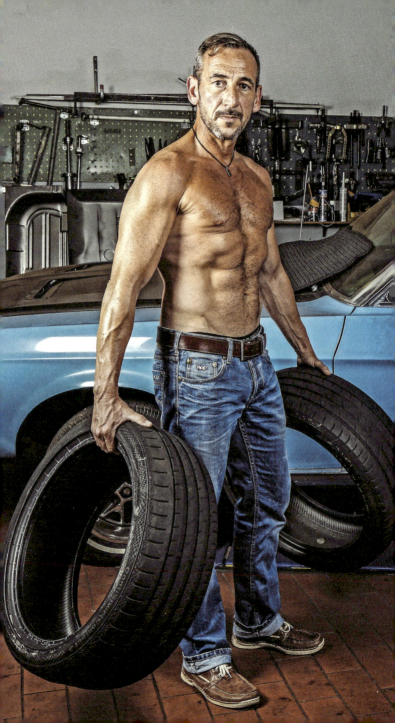

„Hallo Franz, ich soll dir einen Gruß ausrichten von Jo."
„Jo? Was für ein Jo?"
„Du wirst dich doch noch an den Jo erinnern? Den kennt doch jeder."
„Nö. Wie sieht der denn aus?"
„Naja, mhhh ... er fährt einen roten Ferrari."
„Roter Ferrari? – Ach so! Das ist doch der Typ, der früher das weiße Porsche Cabrio hatte?"
„Ja, genau der!"
„Mensch, sag das doch gleich. Selbstverständlich kenne ich den Jo. Grüß ihn bitte von mir, wenn du ihn mal wieder triffst."

„Mit 40", hat mein Vater immer zu mir gesagt, „mit 40 musst du es geschafft haben: eine eigene Familie, Kinder, ein eigenes Haus, einen sicheren Job in führender Position oder noch besser: eine eigene Firma."

„Wenn du es bis 40 nicht schaffst, dann schaffst du es nie", hat er immer behauptet.

Morgen habe ich Geburtstag. Ich werde 40. Endlich kann ich stressfrei leben, weil ich es jetzt ja sowieso nicht mehr schaffen kann.

Wir sind umgezogen. 30 Quadratmeter mehr Platz. Endlich können unsere Kinder so richtig herumtoben, und bei der nächsten Party können wir sogar einen aufs Parkett legen.

An die Wand dort drüben stellen wir eine neue Kommode. In die Ecke kommt ein kleines Tischchen für das Telefon und für die Telefonbücher und so. Vielleicht passt auch noch eine Couch ins Zimmer für die Gäste, die es nicht mehr bis nach Hause schaffen.

Und außerdem brauchen wir einen Schirmständer, eine größere Garderobe, und ein Schuhschränkchen wäre auch nicht schlecht.

Wir werden uns unsere gemütliche Enge schon wieder zurückerobern.

6.45 Uhr –
der Wecker klingelt.
„Nur noch ein viertel Stündchen ..."
Dann aber schnell, ohne Frühstück, zur Arbeit.

Unterwegs –
wieder nur Penner und Idioten auf der Straße.
„Hoffentlich ist der Chef noch nicht im Büro."

Den ganzen Tag über –
ein Termin jagt den anderen.
Keine Zeit fürs Mittagessen.
Nur zwischendurch
in Hektik ein paar Tassen Kaffee.

Endlich Feierabend –
jetzt nur noch eine halbe Stunde im Stau stehen.

20.00 Uhr –
wieder zu Hause.
Aufgewärmte Reste vom Mittagessen.
Die Kinder ins Bett bringen.
In der Post sind wieder nur Rechnungen.
Schnell die Zeitung überfliegen.
Einige Dinge für den nächsten Tag vorbereiten.

Ob das auf Dauer gesund ist?

Fortschrittlich,
diese neue, imposante, fernbediente,
elektronische Anzeige,
die da breit über die gesamte
Autobahn gebaut wurde.
Die war bestimmt affenteuer.

Was steht da?
„Stau in drei Kilometern,
keine Umleitungsempfehlung."

Fortschrittlich,
dass ich mich
dank dieser neuen, imposanten, fernbedienten,
elektronischen und teuren Technik
jetzt schon drei Kilometer früher ärgern kann.

In der Kürze liegt die Würze

Nach dem Kiga
in die Schule: Mathe, Geo, Reli, Bio, ...
Dann ins Gym. Nach dem Abi auf die Uni.

Studiere ich Wiwi oder Med?
Nein, lieber Bewi, da gibt es mehr Profs
und Hiwis für die Studis.

Endlich den Dipl.
Jetzt bin ich Yuppi und gehe jeden Tag zur Tefak,
arbeite für diverse Telcos,
meine Frau Rosi kümmert sich um die Fibu.

Abends SchniPoSa
und danach mit der Straba in die Disco.

Zum Jubi ein wenig Alk für eine besser Atmo,
aber nicht zuviel,
sonst muss ich für meine Reha zur Apo.

Dann noch bei etwas Musi die Taz
und eine Illu aus meinem Abo reinziehen
und zur Info ein wenig Wiso im Tivi glotzen.

Alles ist schnell und kurz.

Doch wo ist die Würze?

Mein Lieblingsschauspieler hat in der „Bunte" verraten, wie er seinen Körper in Form hält. Es ist ganz einfach: Man muss nur jeden Tag fünf bestimmte Gymnastik-Übungen durchführen. Wichtig dabei ist, dass man die Übungen immer zur gleichen Zeit, Punkt acht Uhr morgens, erledigt. Ich tue das jetzt seit vier Wochen. Und ich muss sagen, es zeigt Wirkung. Zumindest bei den anderen Fahrgästen in der überfüllten Straßenbahn, mit der ich morgens um acht Uhr zur Arbeit unterwegs bin.

Reich wirst du nicht von alleine. Du musst schon etwas dafür tun. Nur rumhängen und auf das große Glück warten bringt dich nicht weiter. Denn Glück hat auf Dauer nur der Tüchtige. Doch Vorsicht: Arbeit alleine hat auch noch keinen reich gemacht. Es gehört auch ein wenig Kreativität, Mut und Verstand dazu. Denn wenn du nur noch arbeitest, hast du keine Zeit mehr, Geld zu verdienen.

Nur sie und ich,
ganz allein
in unserem Wohnzimmer.

Ich sitze angespannt auf der Couch,
sie liegt einladend vor mir
in ihrem silbernen Kleid.
Süß duftet ihr knackig brauner Teint.

Erst wage ich es nicht,
sie zu berühren,
doch dann nehme ich mir ein Herz,
greife gierig zu
und breche ein Rippchen ab –
von meiner Tafel Schokolade.

Zum Teufel mit der Diät!

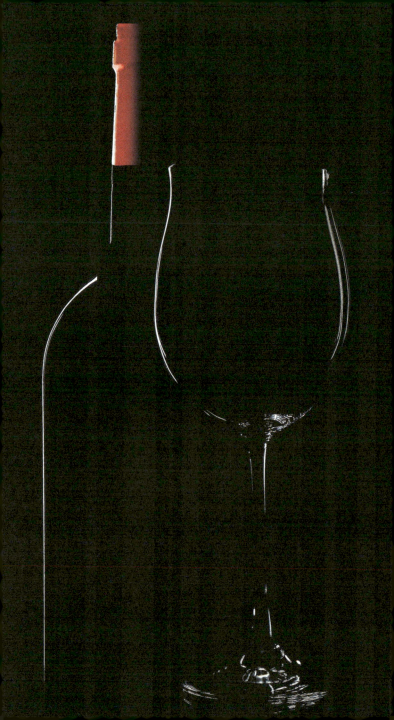

In der Oben-Ohne-Bar
alles clean und abwaschbar

manche finden's wunderbar
und glotzen etwas sonderbar
auf die barbrüstige Bar-bar-a

und die, die aller Skrupel bar
bezahlen dieser Bar-bar-a
auch Zusatzdienste stets in bar

doch hoffentlich gibt's kein Fauxpas
sonst kommt vielleicht noch Adebar

Heute bin ich wieder voll im Stress. Ich muss irgendetwas bei Tchibo kaufen, weil mein Privatkunden-Gutschein über 2,50 Euro nur noch heute gültig ist.

Außerdem sollte ich unbedingt zum Drogerie-Markt. Die geben noch bis morgen den fünffachen Punktwert auf die Payback-Karte. Auf dem Weg dorthin mache ich einen kleinen Umweg zur Shell-Tankstelle. Das lohnt sich, weil man dort als Shell-Card-Owner zurzeit doppelt punkten kann. Jeder getankte Liter gibt ganze zwei Punkte! Und heute Abend gehen wir zum ersten Mal in unserem Leben afrikanisch essen, bevor der letzte „Das-zweite-günstigere-oder-wertgleiche-Essen-ist-gratis"-Gutschein aus meinem Leckerli-Pass verfällt.

Vielleicht fahren wir aber auch einfach zum Schützenhaus. Das ist nicht so weit weg und bringt mir dank meiner Energia-Karte einen 3%-Rabatt, der auf meine nächste Stromrechnung angerechnet wird. Zum Digestif müssen wir aber zurück nach Durlach ins Substage. Dort können wir uns dann so richtig die Kante geben, weil ich gestern aus einer Anzeige im Telefonbuch zehn Substage-"1-bezahlen-2-bekommen"-Cocktail-Gutscheine ausgeschnitten habe.

Danach überlege ich mir die Einkaufstour für morgen. Denn ich muss unbedingt noch die restlichen Toys'r'us-Gutscheine, das 10%-Geburtstags-Ticket bei Breuninger und den 3-Euro-Bonus bei Pete's Weindepot nutzen, bevor wir nächste Woche in Urlaub fahren.

Werbung

Laura Biagotti war endlich allein Zuhause. Ihr Mannesmann, Alex, war mit Hugo Boss und dessen Fantastischem Zwillings-Bruder Marco Polo spielen. Mit der Kombination 4711 öffnete sie leise Uncle Ben's Tresor. „Gott sei Danke", dachte sie erleichtert. „Hier also war Philips surREAListisch angehauchtes Gemälde versteckt."

Deutlich erkannte sie den Stern und die helle Aurora Sonne, die ihre Strahlen auf die in Braun gehaltene Landschaft Arizonas Brandten. Im Focus des Bildes stand unter einem Eichbaum ein Triumphierender Puma, der gerade einen Reebok gerissen hatte und nun seine Beute gegen diebische Falken, aufgePlusterte Uhus und Persilweiße Pelikane verteidigte, sich aber nicht vor den lästigen Mövenpicken wehren konnte. Im Hintergrund sah man einen Sioux-Indianer, der gerade mit Goldpfeil und Bogner versuchte, einen Red Bull zu erlegen, der sich stolz im Polarlicht vor dem von einer dicken Schneekoppe bedeckten Montblanc positioniert hatte.

Damit war die Allianz, bestehend aus dem Niveaulosen S. Oliver, dem geLifteten Tom Tayler und dem Sparsamen Otto Versand aus dem Schneider, die Steiff und fest behauptet hatte, nichts mit dem Verschwinden des Artefakts zu tun zu haben. Erst Ericcs son Heinz, ein Kühner Bauknecht aus Tesaloniki, hatte ihr den entscheidenden Hinweis liefern können. Er war es, der durch die Windows im Spiegel gesehen hatte, wie die Smarte Klosterfrau Sony dAS Kunstwerk im APril Schwarzkopf Ben ausgehändigt hatte.

Voller Esprit ergriff die Nutrasweete Laura ihre Beute, stellte sie auf die Deutsche Bank neben dem Tresor, schloss dessen Tür, verstellte 3Mal die Kombination und wischte den Henkell Trocken. Wasaber war das? Audi! HörZu! Kam da nicht jemand Pustefix mit großem Tempo die Treppe herauf? Sie konnte gerade noch die Blaupunktige, Tabacfarbene Camelhaardecke über das Bild werfen und es hinter der Ritterrüstung verstecken, bevor der Palmolivefarbene Parker ihres Dickmanns im Türrahmen erschien. „HinFord mit dir", FAuchte ihr sonst so Charminter Playboy. „Was tust Dudenn hier? Das ist ja die Krönung!" Impulseartig erhOB er sein Schiessereisen und schoss …

Weihnachten, Silvester, Valentinstag, Fastnacht, Muttertag, Vatertag, Kommunion, Konfirmation, Ostern, Namenstag, Pfingsten, Halloween, St. Martin, Nikolaus, Advent ... dazwischen jede Menge Geburtstagsfeiern, Hochzeiten, Jubiläen und andere Einladungen. Ein Ereignis jagt das andere. Kaum ist ein Fest vorbei, steht auch schon das nächste vor der Tür. Nach der Feier ist vor der Feier. Und mir bleibt kaum die Zeit, das Geld zu verdienen, das ich für alle diese Feste benötige.

Wir sollten die Buchstaben K und G verbieten und sie durch F und D ersetzen und schon hätten wir statt den ständigen KrieGen einen immerwährenden FrieDen. Doch damit das funktioniert, müssten wir die ganze Welt dazu zwingen, nur noch deutsch zu sprechen ...

„Don't think twice!"
„So sehen Sieger aus!"
„Dieser Bierbauch war teuer."
„Bitte unten zapfen!"
„Ich bin der Boss!"
„Mami ist die Beste."

Schon irre, was sich die Leute so alles auf die Brust schreiben. Muss denn heutzutage jeder freie Flecken beschriftet sein? Scheinbar schon. Wie sonst wäre es zu erklären, dass ich heute einen Mann sah mit der T-Shirt-Aufschrift: „OHNE AUFDRUCK".

Echt cool, die neuen Laufschuhe. Die habe ich total preiswert bei Ebay ersteigert, nachdem ich bei Runners Point nach einer ausgiebigen Fußanalyse und einem langen Gespräch mit dem Fachverkäufer sieben Paar Schuhe anprobiert hatte, um das optimale Produkt für mich zu finden.

Auch meine neue Digitalkamera war recht günstig. Die habe ich über irgendeinen Internetshop gekauft, den ich mittels geizkragen.de gefunden habe, nachdem mir einer der Verkaufsberater im Saturn über eine Stunde lang die Vor- und Nachteile der einzelnen Modelle verklickert hatte.

Auch sonst bin ich wirklich schlau: Meine Lebensmittel kaufe nicht im etwas teureren Tante-Emma-Laden um die Ecke, sondern beim Discounter, mein neues Auto war ein Grauimport, unser Gärtner arbeitet schwarz und die neuen Fliesen im Flur hat mir ein Pole für wenig Geld verlegt.

Wenn immer alles teurer wird und das Gehalt nicht steigt, muss man eben sehen, wo man bleibt. Das macht doch jeder so.

Und bald muss ich noch mehr aufs Geld schauen, weil mir mein Chef aufgrund starker Umsatzeinbußen kündigen musste.

„Also Lena, du setzt dich jetzt da rechts hin und nimmst die rote Schaufel. Und du Sandra, du kommst hier rüber. Dann kannst du den Sand in den grünen Eimer schütten und ihn Lena bringen. Aber mach dich nicht dreckig, erst die Hände abputzen. Schau mal, so geht das. Und jetzt kannst du loslaufen ..."

Brauchen wir eigentlich wirklich für alles irgendwelche Regeln? Bevor die Mutter dazukam, haben die beiden so schön und ungezwungen miteinander im Sandkasten gespielt.

Unser Peter ist ein richtiger Stoffel. Er grüßt nie und das Wort „Danke" ist ihm fremd. Gerade hat er von seiner Oma ein riesiges, ferngesteuertes Feuerwehrauto mit elektrisch ausfahrbarer Leiter und batteriebetriebener Beleuchtung geschenkt bekommen. Freudestrahlend aber stumm steht er da und betrachtet das neue Spielzeug mit leuchtenden Augen. Nach einer Weile stupse ich ihn an frage: „Und Peter, wie sagt man?" Peter blickt noch immer ganz gebannt auf das rote Auto und antwortet: „Geil!"

Früher konnte man sich noch so richtig auf etwas freuen. Ostereier gab es nur an Ostern, Erdbeeren kamen nur im Sommer auf den Tisch, Faschingsmasken sah man nur im Februar und Christstollen aßen wir nur an Weihnachten.

Heute ist das anders: Gefärbte Frühstückseier bekommt man das ganze Jahr über, der Supermarkt um die Ecke verkauft auch im tiefen Winter Erdbeeren aus Afrika, seine Gruselmaske kann man im Herbst zu Halloween noch einmal hervorholen und auch Christstollen, Spekulatius & Co. findet man immer irgendwo.

Eigentlich schade, denn die Vor-Freude bleibt dabei auf der Strecke.

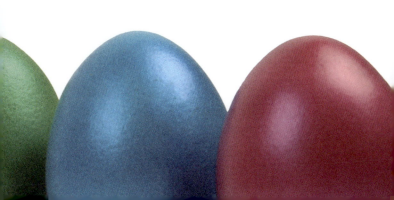

Wir haben zu Hause eine Maschine, die uns perfekt abgerichtet hat. Sie befiehlt uns, wann wir zu Abend essen dürfen, um wie viel Uhr wir uns abends im Wohnzimmer treffen, zu welchen Zeiten wir aufs Klo gehen und wann wir frühestens ins Bett können. Mehr noch: Diese verflixte Maschine definiert, an welchen Abenden wir ausgehen und wann wir gefälligst zu Hause zu sein haben. Sie bestimmt, wann wir lachen, nervös, angespannt oder traurig sind und sie suggeriert uns sogar, was wir beim nächsten Besuch im Supermarkt zu kaufen haben. Von prominenter Stelle im Wohnzimmer aus überwacht sie uns den ganzen Tag und ... Ups, ich kann jetzt nicht mehr weiterschreiben, denn der Tatort fängt gleich an.

Wir leben heute in einer Zeit, in der die medizinische Forschung so weit ist, dass es praktisch keine gesunden Menschen mehr gibt.

Wir leben heute in einer Zeit, in der uns täglich so viele Informationen aus Fernsehen, Radio, Zeitung und Internet erreichen, dass wir diese Informationen gar nicht mehr komplett oder nur oberflächlich erfassen können.

Wir leben heute in einer Zeit, in der Innovationen so rasant verlaufen, dass man sich kaum mehr traut, irgendetwas Technisches zu kaufen, weil alles, was man heute kauft, morgen sowieso schon wieder veraltet ist.

Wir leben heute in einer Zeit, in der unsere Haushalts- und Arbeitsgeräte so viele Funktionen bieten, dass kein Mensch mehr alle diese Geräte bedienen kann.

Wir leben heute in einer Zeit, in der es so viele Kommunikationsmöglichkeiten gibt, dass man auf der ganzen Erde keinen Ort mehr findet, an dem man seine Ruhe hat.

Was wird nur aus uns werden, wenn der Fortschritt noch weiter fortschreitet?

Lindemanns Bibliothek
Band 418

© 2023 · Lindemanns GmbH
Alle Rechte vorbehalten.
Nachdruck ohne Genehmigung
des Verlages nicht gestattet.
ISBN 978-3-96308-198-9

lindemanns-web.de